I0696760

Poemas y cuentos para tu alma

Vol. 2

TE VALORO

2023

Copyright© Analía Exeni

Primera edición: septiembre de 2023

ISBN: 9798859814589

Todos los derechos reservados

Editorial: Ediciones Autores de Éxito®

www.analiaexeni.com

«Solo por hoy, valoro y amo mi presente, con la convicción de que en él sentaré las bases de mi mejor futuro de prosperidad».

Dedicatoria

Para mi amada hija, Delfina, la razón de mi existir.

A la memoria de Flaquito, que siempre vivirá en mi corazón.

ÍNDICE

Prólogo

¿Cuánto te valoras?

¿Cuánto valoras a los seres humanos que te rodean?

¿Cuánto valoras a la Madre Naturaleza?

¿Cuánto valoras al reino animal?

Es importante que reflexiones bien antes de responder a estos interrogantes, principalmente, el primero, porque **el valor que te das a ti es el mismo que le das al mundo**. Por lo tanto, si tú no te valoras, no podrás valorar a otros.

El valor es algo que muchas veces no nos detenemos a «valorar», valga la redundancia. En general, lo pasamos por alto, es algo invisible al ojo del ser humano.

Según su clara definición del diccionario, valor es «cualidad o conjunto de cualidades por las que una persona o cosa es apreciada o bien considerada».

¿Qué piensas de esta definición? ¿Se te viene a la mente la cualidad o conjunto de cualidades por las que tú te aprecias y consideras?

Sería bonito hacer, aquí y ahora, el siguiente ejercicio:

Cualidad o conjunto de cualidades por las que yo me aprecio:

1. ....

2. ....

3. ....

4. ....

5. ....

6. ....

7. ....

8. ....

9. ....

10. ....

Me gustaría que hagas un listado de, por lo menos, diez cualidades. Aun si te parece mucho, te pido que no abandones este ejercicio, indaga a fondo y busca todo aquello por lo que te autovaloras, por lo que te autoaprecias, por lo que te autorreconoces. Si nunca has realizado este trabajo de búsqueda más que en relación con otros seres humanos, si siempre has sido generoso con el valor que les das a los otros, pero no contigo mismo, **ha llegado la hora de que te reconozcas, que inicies ese viaje maravilloso que es la autovaloración**.

Te garantizo que jamás te arrepentirás de autovalorarte, porque ese es el combustible de alto octanaje que le dará a tu vida una razón poderosa, un sentido existencial superior. A partir de allí, nada será igual para ti: todo será mejor.

¡Deseo de todo corazón que te autovalores muchísimo! Cuando lo logres, podrás regalar esa valía a todos los que te rodean y al mundo. Todo será mejor para ti y para los demás cuando el valor reine en tu existencia.

Como bono extra, verás que las personas a tu alrededor comienzan a valorarte también y se forma un círculo virtuoso de valor y prosperidad, tanto para ti como para los demás. Porque el valor tiene ese efecto expansor: se multiplica rápidamente. Esa persona a quien tú has valorado no solo lo hará contigo, sino que también valorará a otros, porque se sentirá feliz en esa corriente de energía positiva que se genera. Por lo tanto, iniciará un torrente de valor, de aprecio, de consideración y, por ende, de amor y respeto.

Todo esto no solo es aplicable a los seres humanos, sino también a los animales y a las plantas, a todo ser vivo. ¡Todos merecemos ser valorados!

Comienza hoy mismo a valorarte a ti mismo y, poco a poco, habrás desatado una avalancha de valor que arrasará con todo a tu alrededor.

¡Deseo con todo mi corazón que te valores cada día de tu existencia!

Un abrazo lleno de amor, respeto y valor infinito.

Analía Exeni

Fundadora de editorial Ediciones Autores de Éxito®

www.analiaexeni.com

Cofundadora de Sagas de Éxito® y Universidad de Éxito®

www.sagasdexito.com

«Solo por hoy, elogio mis virtudes y trabajo para mejorar en todo aquello que deseo prosperar».
Analía Exeni
www.analiaexeni.com
Academia
Autores D·EXITO
Analibro®
Ediciones
Autores D·EXITO

¡ME VALORO!

Me amo, me respeto y me valoro.

Excelente es mi vida cuando el valor es mi amigo.

Valoro mi presente, mi salud, mi familia y amo mi vida.

A cada instante doy gracias por la dicha de existir.

Los tesoros que tengo superan mis expectativas.

Observar la naturaleza me da mucha paz y energía.

Robusto es mi corazón: está lleno de amor y alegría.

Oasis de amor es mi alma, colmada de dicha.

«Solo por hoy, amo a todas las personas que me rodean, sin exigirles que cambien nada; valoro sus cualidades magníficas y me deleito en su compañía».
Analía Exeni
www.analiaexeni.com

Academia
Autores D·EXITO

Analibro®

Ediciones
Autores D·EXITO

¡TE VALORO!

Tengo el valor y la fortaleza de valorarte.

En este instante y para siempre, ¡te valoro!

Valoro tu vida, tu salud, tus metas, tus sueños.

Amor hay en mi corazón para entregarte y valorarte.

Lejos vas a llegar, a donde te lo propongas.

Oírte es maravilloso, siempre es grata tu melodía.

Romperás todos los récords y tendrás mucho éxito.

Obsequiarte el sol sería poco para reconocer tu valía.

Los valores cotidianos que engrandecen al ser humano

Volver a las pequeñas grandes cosas,

a lo cotidiano.

Cuando despiertas, el sol te acaricia:

agradece su luz,

déjate iluminar.

Comienza tu día con el alma encendida,

sintiendo lo positivo,

desterrando lo negativo.

Si tu hijo duerme,

déjalo soñar,

acarícialo,

contágiate de su ternura,

vuelve a ser niño con su sonrisa.

Si la lluvia cae,

empápate de su néctar,

déjate bautizar.

El agua del cielo es un rocío que nos hace brotar.

Si la vida te sonríe,

hazle cosquillas

y déjate conquistar.

Vive en plenitud.

¡Nunca dejes de soñar!

Soy águila de gran plumaje y vuelo alto

Soy un águila y acaricio la faz del cielo con mis alas.

Mi vuelo es como una promesa,

mis plumas me protegen de las inclemencias.

Estar tan cerca del cielo es como visitar a Dios en un eclipse del corazón.

Ayer solo podía soñar con la posibilidad de algún día poder volar,

pero mi fe me ha llevado hasta la cima de la existencia.

Hoy solo puedo agradecer el milagro de volar más allá del ojo humano…

más allá de mis propias carencias.

La única clave para llegar a la excelencia es la autoexigencia

Nunca te conformes con poco

cuando puedes tenerlo todo.

La exigencia te llevará a la excelencia.

Jamás te arrepientas de ser exigente contigo mismo,

porque la exigencia te conduce a autodesafiarte

e ir más allá de lo que puedas imaginar.

Por lo contrario,

arrepiéntete de ser complaciente,

de ser débil,

de ser inconstante,

de procrastinar.

Porque esa ruta te llevará al fracaso y a la desdicha.

Pero

si vas por la senda de la autoexigencia

en todos los órdenes de tu vida,

vas a llegar, tarde o temprano,

a la cima.

Compromiso, acción y pasión: las claves para el éxito

No ahorres en esfuerzo a la hora de trabajar por tu más grande propósito.

Si un sueño triple XL habita en tu corazón,

tienes el combustible necesario para ir a su encuentro.

La ecuación perfecta para lograr el triunfo es el trío infalible: compromiso, acción y pasión.

Pon a prueba esta ecuación

y luego mide los resultados: podrás acariciar el triunfo más maravilloso de tu vida.

Y, cuando ya hayas alcanzado esa gran meta,

no te conformes,

ve por otra aún mayor.

Te garantizo que, si vas en compañía de éste trío,

vas a llegar al universo infinito.

Te valoro y te amo

Te valoro muchísimo,

te amo infinitamente.

Eres especial en mi vida, un diamante con brillo en todas sus aristas.

La vida es maravillosa a tu lado porque siempre nos amamos y nos respetamos.

¡Gracias por vestir mis días de dicha!

¡Gracias por secar mis lágrimas con tu pañuelo de alegría!

Valoro la vida

¡Vida, te valoro!

Me has dado el existir.

Me diste las rosas y los tulipanes,

me permites deleitarme con su terciopelo.

Me diste un amanecer multicolor,

solo para recordarme que el mayor espectáculo es valorar cada nueva alborada.

Me diste esperanzas

solo para conmemorar que la savia en ellas se hilvana.

La abundancia está en ti

Un mundo de riquezas está a tu alcance.

Tan solo con una decisión puedes acceder a un universo de abundancia.

Tu existencia es exuberancia, es manantial, es supremacía, es belleza y elegancia.

Como un telar de estrellas que titilan en el universo: así es tu vida.

Y está llena de maravillosos tesoros para ti.

Labrador

Un nuevo día inicia lleno de desafíos e ilusiones.

Con la primera luz de la mañana, Dios comienza a trabajar por un mundo mejor. Su labor es ardua porque tiene que recorrer el planeta sembrando paz y amor.

Él cultiva semillitas doradas y luego las baña con los rayos del sol.

Cada semilla contiene en su interior la esperanza, la dicha, la prosperidad, la paz, la salud y la abundancia de un mundo perfecto, sin carencias ni enfermedades, sin guerras y sin dolor.

Esas semillas ¡son la vida!

En cada célula de nuestro cuerpo llevamos grabadas las eternas posibilidades de un mundo mejor, es un mensaje divino que se nos ha confiado para transitar este planeta sembrando esperanza.

Comencemos cada día con una buena intención, con ganas de hacer una revolución para cambiar el mundo, para mejorar a cada paso que damos, para ser mejores seres humanos.

¡La posibilidad de una nueva vida sí es posible!

Si cultivamos las semillas en tierra fértil, podremos cosechar un sinfín de beneficios.

Todo depende del esfuerzo que pongamos…

Todo depende de la cantidad de amor que haya en nuestro corazón.

¡Hagamos una revolución de bondad!

¡Hagamos una guerra de amor!

¡Construyamos entre todos un mundo mejor!

¡Hoy es un excelente día!

Todo depende de mí;

hacer que este día sea excelente solo parte de una decisión consciente.

Me doy un baño caliente,

tomo un rico café,

me visto con mi mejor atuendo:

salgo a conquistar mis sueños...

Regalos de Dios

Dios planta flores en el campo.

Cada día están hermosas, llenas de rocío.

Son de todos los colores,

huelen exquisito.

Algunas son pequeñitas y otras grandes:

todas son bonitas,

desparraman belleza.

Son milagros de la vida cotidiana que, a veces, por ir tan de prisa, resultan invisibles.

Dios todo el año adorna los campos con flores de amistad.

Siembra un prado lleno de generosidad.

El padre celestial es muy rico y generoso,

nos da muchísimas bendiciones:

aire, sol, suelo, pimpollos de los más bellos colores.

Cada mañana, al abrir los ojos, podemos observar la infinita riqueza que pone a nuestra disposición.

Solo debemos gozar de las millones de razones para tener felicidad.

La mejor forma de comenzar el día es con una enorme sonrisa y palabras de agradecimiento por tanta dicha y belleza.

Gladiador de ilusiones

Ve a luchar por tus ilusiones,

sal a la batalla y no regreses hasta que hayas logrado el triunfo.

Tal vez mueras en la arena... pero

¿qué es un gladiador sin su espada?

Y ¿quién eres tú sin tus ilusiones?

La honestidad es la mayor herencia que podemos dejar en la tierra

No existen medias tintas en la transparencia.

Así como el sol y la luna no pueden convivir a las doce del mediodía o a las doce de la noche,

de la misma manera no podemos ser transparentes a medias.

Que tu honestidad sea tan clara como la alborada y tan fuerte como un roble.

Porque, si eres una persona recta,

en los peores inviernos,

siempre hallarás primavera.

Que tu honestidad sea tu bandera.

Vivir en paz

Cada nuevo día nos ofrece un manto invisible de paz: se desliza entre las hojas que mueve el viento al suspirar.

¿Te has dado cuenta?

Debes prestar atención a lo invisible, a lo sutil, a aquello que no se ve con los ojos, sino con el corazón.

Son sensaciones mágicas que van por la vida dando lecciones y enseñanzas.

Tener paz es un lujo.

Tener paz es felicidad.

Tener paz y salud es el mayor regalo de la vida y de Dios; con estos dones, tenemos el mundo en nuestras manos.

Vive a pleno tu vida, sembrando paz en cada rincón.

Disfruta de las pequeñas cosas, que son una verdadera bendición.

Da gracias cada día al despertar.

La vida no es buena o mala, cada capítulo vivido es algo que tú debes construir a la medida de tu corazón.

Cuando nos unimos, podemos hacer cosas extraordinarias

Hoy vamos a descubrir el poder de la unión,

esa fuerza que nos hace invencibles.

Hoy vamos a conquistar la potestad de estar juntos,

de hacer cosas increíbles uniendo nuestros esfuerzos,

acoplando nuestros anhelos,

ensamblando nuestra fe,

soñando nuestros más grandes sueños

como una cadena,

que engarza una pieza con otra;

solas no son nada,

pero unidas son todopoderosas.

El amor todo lo puede

El amor hace milagros en la vida cotidiana.

Son esas cosas invisibles, que solo pueden ser perceptibles a los ojos de tu alma.

El amor es ciego, sordo y mudo,

pero es inquebrantable.

El amor es la mayor motivación de la humanidad;

sin él, no existiría nada.

Te invito a bailar

Despliega tus brazos, pon la música que más te gusta y viaja con tu imaginación al lugar más feliz.

Aquí,

ahora.

No hay mejor día que hoy,

no hay mejor ocasión que esta.

¡Vamos!

¡Te invito a bailar!

Haz un giro,

mueve las piernas,

agita las caderas,

canta y baila.

La vida te ofrece una caricia y, a cambio, solo te pide una sonrisa.

La gente ve el resultado, pero no el esfuerzo

Hoy me has visto triunfar,

pero no has visto mi lucha.

Hoy me has visto en la cima,

pero no has visto mi perseverancia.

Hoy me has visto en el podio,

pero no has visto mi transpiración.

Hoy me ves con una corona de laureles,

pero no me has visto con una corona de espinas.

Menos es más

Menos disgustos y más felicidad.

Menos queja y más acción.

Menos odio y más amor.

Menos reproches y más comprensión.

Menos soledad y más unión.

Menos insultos y más frases de amor.

Menos tempestad y más arcoíris.

Menos caras tristes y más curvas que dibujen sonrisas en el corazón.

Menos riqueza material y más riqueza espiritual.

Menos golpes y más caricias.

Menos muertes y más vida.

Rompiendo récords

Te invito a romper tu propio récord:

un récord de alegría,

un récord de sonrisas,

un récord de abrazos,

un récord de besos,

un récord de todo eso que hace bien al alma humana.

Ayer te he visto rompiendo récords de tristezas,

de melancolía,

de crítica,

de queja,

de odio,

de dolor...

¿Qué tal revertir el rumbo y, a partir de hoy, romper un récord de dicha?

¡Hoy!

Hoy desperté, ¡qué bendición! Un nuevo día me invita a descubrirlo.

Hoy sonreí, ¡qué maravilla! Las mariposas revolotean en mi estómago haciéndome cosquillas.

Hoy di gracias, ¡qué milagro! La gratitud es brillo en los días más oscuros de mi vida.

Nada de lo que busques lo hallarás en el ayer o en el mañana, porque toda tu vida se resume en esta única y poderosa palabra: ¡hoy!

Si buscas abundancia, jamás lo hagas en el pasado ni en el futuro, comienza a contemplar tu presente y a edificar en él tu cielo celeste.

¡Aquí y ahora! Es todo lo que tienes. ¿Mucho o poco?, dependerá de la óptica de tu alma.

«Solo por hoy, comprendo que el poder infinito está dentro de mí y lo uso para mi máximo beneficio».
Analía Exeni
www.analiaexeni.com
Academia
Autores D·EXITO
Analibro
Ediciones
Autores D·EXITO

La Bolsa de Valores del alma

Era una aldea muy lejana; allí no podía llegarse con la ayuda del GPS ni a través de ningún mapa; solamente era posible acceder a este lugar mediante una gran conexión espiritual con las emociones y las sensaciones más bonitas y profundas del ser humano.

En este lugar vivía la familia Paz: la señora Paz, el señor Paz y sus cinco hijos. Moraban en esa aldea donde el tiempo parecía haberse detenido; todo transcurría despacio, las prisas eran innecesarias. Las personas se sentaban a desayunar frente a un ventanal abierto, mirando los árboles, escuchando el trinar de los pájaros. **A través de esas melodías, se conectaban intensa y espiritualmente con los más profundos valores del ser humano.** La ópera de las avecillas era una invitación diaria a la inspiración para crear cosas extraordinarias. Un día se levantaban inspirados para escribir poemas; otros, para escribir cuentos; en otras ocasiones, para escribir novelas... todas obras literarias basadas en un tema en común que definía a la familia Paz: **los valores humanos y espirituales que ellos edificaban día tras día, y que era el mayor tesoro de su familia.** Porque en su linaje no había escudos de nobleza, como sí había en otras familias acaudaladas económicamente. Ellos contaban con escudos intrínsecos de valores, escudos invisibles que engalanaban el alma de esos ciudadanos, tan humildes y amorosos.

Un día llegó un nuevo integrante a aquella comuna. Era un hombre muy adinerado y tenía como propósito edificar una empresa gigante para fabricar automóviles de altísima calidad, que luego iban a ser exportados a todos los lugares del mundo. Este señor publicó un aviso en el periódico para reclutar trabajadores e iniciar los procesos de trabajo en su fábrica. Al poco tiempo de haber comenzado las entrevistas, pudo contratar a cien personas y preparar el inicio de sus tareas. **Entre esos trabajadores había varios integrantes de la familia Paz**, como así también de muchas otras familias de esta aldea.

Era conocido que en este poblado la gente era muy trabajadora, muy cumplidora de sus horarios y que jamás faltaban a sus labores. Conjuntamente iniciaron las tareas. La fábrica entró a funcionar. **Y fueron**

conociéndose con otras personas que habían llegado de otras ciudades, convocadas por este empresario, para también ser parte del equipo de trabajo. De inmediato, se dieron cuenta de que tenían mucho en común; por ejemplo, la filosofía del trabajo, el cumplimiento, la importancia que daban a la calidad del producto terminado... todas cuestiones de gran valor para que esta industria automovilística funcionara a la perfección y se crearan autos de gran calidad.

Sin embargo, poco a poco empezaron a surgir conflictos de orden más profundo y espiritual. Y es que muchos de estos ciudadanos no comulgaban con los valores humanos de la gente originaria de la aldea. Había una competencia desmedida por escalar posiciones jerárquicas, por ganar más dinero, por muchas cuestiones alejadas de los valores humanos que ponen primero a la persona antes que lo económico.

Los problemas se fueron acumulando uno tras otro, hasta que, llegado un momento, la empresa comenzó a deteriorarse. Las personas se enfermaban, empezaron a faltar al trabajo, y la producción se posponía; los contratos millonarios con los clientes internacionales, que pedían docenas y docenas de autos, dejaron de cumplirse...

En consecuencia, el empresario dueño de este imperio debió contratar a un consultor externo para que realizara una reingeniería en la empresa. El objetivo era detectar el problema ocasionado y dar una solución, para que la empresa económicamente volviera a funcionar y a cumplir los contratos con los clientes. Al llegar el consultor, lo primero que hizo fue reunirse con el gerente de recursos humanos para poder conversar e introducirse en la situación de la compañía. Este buen hombre le comentó acerca de los conflictos que las personas que habían llegado a morar en la aldea tenían con los lugareños a raíz de las grandes diferencias que había entre ellos. **El consultor, que era una persona de mucha experiencia, rápidamente pudo detectar que había un conflicto de valores.** De inmediato, se dio cuenta de que los forasteros (por así llamar a las personas que habían llegado a la aldea) tenían sus valores puestos en lo económico, mientras que los lugareños tenían sus valores puestos en lo espiritual. Llegar a una comunión, a una armonía de unos con otros parecía algo muy difícil de lograr.

Sin embargo, este hombre era muy reconocido por lograr imposibles. Y esta sería una de sus metas: lograr una armonía, una comunión, y que la empresa volviera a funcionar con la unión de estos dos equipos de trabajo, divididos en dos bandos diferentes. Como los Montesco y los Capuleto, estaban separados, disgustados entre sí, y no había forma de unirlos. **Entonces, tenía que buscar las estrategias necesarias para lograr un buen trabajo en equipo y que la empresa siguiera funcionando.**

Empezó a organizar talleres de capacitación, en los que daba la palabra a ambas partes para que las personas pudieran expresar su sentir, sus disgustos, sus inquietudes... Cada uno habló, y dejó salir de su interior sus sentimientos negativos para poder edificar, a través de ellos, una forma nueva y sana de tratarse unos con otros. Se trabajó fundamentalmente en que las personas pudieran identificar valores en común y en poder trabajar, conocer y, valga la redundancia, **valorar en conjunto aquellos valores que no estaban desarrollados, para así lograr la armonía y la paz en esta forma de trabajar.**

En principio, los trabajadores confeccionaron entre todos una lista de valores y los aprobaron. Estos valores humanos eran los siguientes: **el amor, la amistad, la bondad, la confianza, la honradez, el honor, la justicia, la solidaridad, la paz, la libertad, el respeto, la responsabilidad y la espiritualidad**. Escribieron la lista en una enorme pizarra que estaba en la entrada de la empresa; así, los trabajadores, al ingresar al establecimiento productivo, podían verlos de manera diaria y, de esta manera, los interiorizaban y sentían la cercanía con cada uno de ellos. A su vez, en los diferentes talleres se iba trabajando en la profundización de todos estos valores.

Quien lideraba el taller de capacitación denominado Valores Humanos era, justamente, uno de los hijos de la familia Paz. Este buen hombre comulgaba con cada uno de estos valores, no solamente en teoría, sino también en la práctica. A lo largo de toda su vida, en su familia habían cultivado grandes valores morales y espirituales. Él era el referente de esta Academia de Valores.

En una oportunidad, uno de los trabajadores que asistía al taller levantó la mano y dijo lo siguiente: **«Esto es algo así como la Bolsa de Valores; pero estos son valores espirituales; esta es la Bolsa de**

Valores del Alma». Todos se pusieron en pie y lo aplaudieron. Estuvieron de acuerdo en que cultivar los valores del alma era mucho más valioso que cultivar los valores materiales, porque los del alma son los que edifican una vida de riqueza y prosperidad en todo orden, mientras que los segundos, los materiales, tal vez conduzcan a una vida próspera económicamente, pero en detrimento del alma del ser humano.

Entonces, poco a poco, todos los trabajadores fueron creando un nuevo lenguaje: **el lenguaje de los valores más importantes, los que les permitían continuar y salir adelante ante toda dificultad**. De esta manera, la empresa logró elaborar un Manual de Trabajo y de Capacitación. En él, se anteponían los valores humanos frente a cualquier otra cosa de origen material.

Así, esta empresa no solamente triplicó su producción y creó autos de primerísima calidad, sino que también los seres humanos que trabajaban allí pudieron crecer de una manera excelente y cumplir sus propósitos en todos los órdenes de su vida. Además, contagiaron a todos a su alrededor de esos valores maravillosos que hacen que el ser humano sea rico por añadidura.

Así pues, esta aldea tan lejana, a donde antiguamente no era posible llegar con mapas ni con el GPS, empezó a ser conocida. La información pasó de boca en boca. Las personas comentaban que había un lugar especial donde moraban seres extraordinarios, llenos de grandes virtudes, y que se contagiaban unos a otros. Y así como una pandemia se expande y hace estragos en el mundo, así se expandieron estos valores humanos, que habían generado que, por primera vez, hubiera una Bolsa de Valores del alma. Gracias a ella, los valores reinaban y eran los que dirigían la senda de cada ser humano.

La familia Paz siguió viviendo como lo hacía a diario, pero, poco a poco, creció y se extendió. **Todos los integrantes de esa comuna se aunaron.** A diario se despertaban con la ópera de los pájaros, con las caricias del sol y, entre todos, hilvanaban poemas, cuentos y grandes obras literarias, todos ellos basados en la espiritualidad y en los valores que engrandecen el corazón de los seres humanos.

Te bendigo

Muchas veces, bendecir resulta más difícil que su contracara, que es maldecir. Dicho de otra manera, la maldición es más popular que la bendición. Sin embargo, **para la familia Paz, siempre la bendición había sido su arma más poderosa ante cualquier adversidad**. Independientemente de las dificultades que tuvieran que atravesar, la bendición actuaba como la medicina más poderosa ante cualquier desafío. Los terremotos y los tornados de la vida eran derribados con los torbellinos de bendición que ellos, a través de una cadena de amor, hacían llegar a todos a su alrededor.

Bendecir siempre había sido algo que había identificado a la familia Paz; era incluso un saludo clásico de la familia: «Buenos días, te bendigo. ¿Cómo estás?», «Buenas tardes, te bendigo. ¿Qué tal?», «Buenas noches, te bendigo. Feliz descanso». Estaba incorporado al lenguaje diario de la familia Paz decir «te bendigo». De esta manera, los niños, los jóvenes y los adultos iban creciendo con un lenguaje lleno de virtudes.

Por eso, cuando tuvieron que colaborar con la empresa para la capacitación de valores humanos, incorporaron la bendición como una de las estrategias más poderosas para la disolución de los conflictos. **Con este objetivo, compartieron un poderoso decálogo que la familia había construido muchas décadas atrás y que permitía a toda persona que lo utilizara salir librada de cualquier situación adversa.**

<u>Decálogo de las bendiciones infinitas para el corazón del ser humano</u>

1. Solo por hoy me bendigo infinitamente porque, a través de la bendición, sé que mi vida se edificará hacia un universo de paz, amor y prosperidad.

2. Solo por hoy te bendigo, porque sé que, por medio de la bendición, puedo hacerte el regalo más hermoso que un ser humano puede hacer a otro: una lluvia de bendiciones, gracias a la cual todo florece en una primavera infinita del alma.

3. Solo por hoy bendigo a todos los que me rodean, deseándoles paz, armonía y prosperidad en cada orden de su existencia.

4. Solo por hoy bendigo a todas las personas que aún no conozco, porque sé que, al momento de conocerlas, la bendición ya nos abrazará mutuamente y será la senda infinita por donde caminaremos juntos.

5. Solo por hoy bendigo a todos los miembros de mi familia, deseándoles siempre que la paz more en su corazón y que la salud siempre sea el pan de cada día.

6. Solo por hoy bendigo a todos mis amigos y también a aquellos que aún no lo son porque, a través de la amistad, vamos a encontrar caminos infinitos de bendición.

7. Solo por hoy bendigo a todos los seres humanos que moran en esta tierra porque, aun sin conocer a todos ellos, sé que la bendición será lo que nos permitirá construir una vida llena de grandeza.

8. Solo por hoy bendigo a la Madre Tierra y a todos los seres vivos que habitan en ella; bendigo el suelo que habitamos y a todos los seres que

respiramos. Sé que podemos crecer conjuntamente en una vida de armonía y prosperidad.

9. Solo por hoy bendigo a todas las personas que se encuentran privadas de su libertad. Les deseo que, a través de la fe, la espiritualidad, el amor y el perdón, su alma muy pronto pueda brillar a la luz del sol como un águila en libertad.

10. Solo por hoy bendigo a todas las personas y seres vivos que hoy no cuentan con salud, que se encuentran enfermas y que están luchando por su vida. Les deseo que, con esta bendición, su salud muy pronto pueda ser ese roble inquebrantable que se engalana en el cielo celeste. Porque la bendición hace que todo sea posible si nuestra fe es inquebrantable.

No me importan los problemas, me interesan las soluciones

Estás con vida y esa debe ser tu mayor motivación.

No te preocupes por nada,

deja fluir la abundancia en tu vida,

focalízate en la riqueza que te rodea,

desconéctate de lo que resta y solo conéctate con lo que suma en tu existencia.

No te enfoques en los problemas, porque ellos son como una enfermedad sin cura.

Mejor agudiza tu creatividad

y aflorarán las mejores soluciones.

La mente del ser humano es infinitamente próspera...

pero a diario la empobrecemos con nuestras preocupaciones.

Cita con el triunfo

Me visto de gala,

me pongo mi mejor atuendo, tatuado con una sonrisa.

¡Hoy me dispongo a triunfar!

Voy al encuentro de alguien especial:

tengo una cita con el triunfo,

tengo un encuentro con el éxito.

Al fin, nos vamos a ver y darnos un abrazo especial.

Ha llegado el momento de vivir ese romance coronado
de prosperidad.

Instrucciones para sobrevivir en un día nublado

¿Alguna vez has tenido un mal día?

¿Te has levantado con el pie izquierdo?

A todos nos ha pasado alguna vez que nos levantamos en un día trágico, cuando todo nos sale mal y nos sentimos terribles. Yo lo llamo «un día nublado».

Instrucciones para sobrevivir en un día nublado:

1. Saca tu sol interior.
2. Sonríe y contagia alegría a todos los que te rodean.
3. Pon la música que más te guste.
4. Canta y baila; esta es una excelente opción para mitigar el malestar.
5. Pasea: una caminata puede ofrecerte muchas sorpresas.

6. Mira tu película favorita.

7. Toma una taza de café saboreando cada trago mientras observas la naturaleza.

8. Haz algo bonito por otra persona.

9. Lee un libro.

10. Da gracias a Dios por todo lo que tienes.

Si haces una lista de todo lo que posees, te sorprenderá lo rico que eres, e inmediatamente tu día nublado se transformará en un día de sol radiante.

La humildad, tu mayor riqueza

Ser humilde no te hace débil,

porque la humildad es tu fortaleza

ante cualquier adversidad.

Ser humilde no te hace pobre,

porque es tu riqueza espiritual.

¡Salud!

Cuando hacemos un brindis para celebrar, siempre decimos:

«¡Salud!».

¿Te has puesto a pensar que sin salud no tenemos nada?

¡La salud lo es todo!

A diario hacemos muchas actividades y no reparamos en valorar la salud que tenemos.

La salud es un tesoro muy valioso que enriquece nuestra vida.

Debemos cuidarnos con bebidas y alimentos sanos; ejercicio; un control médico al año, lo más exhaustivo posible, y cultivar todo lo que alimente nuestro espíritu.

También es indispensable el cuidado de la salud mental, evitando aquello que puede lastimarnos psicológicamente.

¡La salud es un tesoro!, todos los días debemos depositar energía para que el tesoro siga creciendo y nunca derrochar vitalidad y bienestar en algo que nos pueda dañar.

¡Cree en ti, valórate, y serás feliz!

Allá afuera nadie creerá en ti.

Podrás encontrar buenos impostores que te hagan creer que confían en ti y que te valoran,

pero eso, a la larga o a la corta, se vendrá abajo como un castillo de arena.

Porque, si tú no crees en tu valor, si no confías en ti mismo, nadie jamás podrá hacerlo externamente.

El secreto del bienestar es muy sencillo: ¡cree en ti, valórate, y serás feliz!

Sin embargo, solo en la práctica podrás experimentar esta dicha.

Muchas personas viven tristes y amargadas

esperando que alguien las valore y crea en ellas;

pero la espera se eterniza y muchas veces parten de este mundo sin descubrir esa alegría.

El único secreto revelado para ser verdaderamente feliz es valorarte y creer en ti.

La copla del corazón

La magia del amor hará un jardín en tu vida,

sembrará rosas que serán eternas en tu alma.

El amor siempre será tu varita mágica.

El amor es trascendencia, porque es tu legado sin fronteras.

El amor te lleva sin escalas al paraíso.

El amor acaba con las guerras y siembra una paz perpetua.

Todo lo que necesitas está en tu corazón...

porque allí reside tu núcleo de amor.

Cuando cultivas amor, cosechas riqueza

Todo lo que das de corazón te regresa multiplicado mil veces.

Jamás escatimes en dar más de lo que tienes.

Jamás mezquines el cariño;

al contrario, dalo a mano llena.

Porque todo lo que das desinteresadamente será tu jardín de eterna primavera.

Debajo de la nieve crecen flores maravillosas:

ellas son la recompensa para un alma generosa.

Cuando invierto correctamente mi tiempo, soy feliz

El tiempo es limitado, como la vida.

Mi ayer no regresará y mi mañana es una utopía;

solo en el hoy puedo habitar.

Aquí y ahora es todo lo que poseo.

Si invierto correctamente mi tiempo,

habré descubierto el milagro de existir.

Si invierto correctamente mi tiempo,

habré develado el milagro del buen vivir.

Medicina natural

- Preocupaciones al 0 %.
- Grandes dosis de alegría y amor.
- 15 minutos de luz solar.
- Confianza en ti mismo.
- Equilibrio emocional.
- Amigos.
- Ejercicio.
- Una taza de café o de té con el ser amado.
- Mojar los pies en el mar.
- Amar tu vida en su totalidad.
- La caricia de un niño.
- Un paseo por la naturaleza.
- 2 litros de agua por día.
- La música de los pájaros.
- Una siesta.

Firma tus sueños con la tinta de tu corazón

Los sueños se viven despierto.

A la luz del sol es donde ellos más brillan.

Con algunas gotas de lluvia se hidratan y crecen robustos.

A veces los extraviamos, por el trajín de la vida; entonces, nos desesperamos y poco a poco morimos.

Pero luego los recuperamos y todo vuelve a tener sentido.

La única manera de cumplir un sueño es a través de una carta de compromiso...

Por eso, yo te invito a que en este día

firmes tus sueños con la tinta de tu corazón...

Así se harán realidad, ¡te lo garantizo!

Que la gratitud se multiplique y traiga una lluvia de abundancia

Solo la gratitud te saca de la pobreza.

Solo la gratitud achica las penas.

Solo la gratitud incrementa la fortuna.

Solo la gratitud trae abundancia a tu existencia.

Debemos valorar cada día de vida como un tesoro

Mi vida es mi mayor capital.

No sé hasta cuándo voy a vivir, porque el tiempo es limitado.

Por eso, me propongo en el hoy darle valor a mi existencia.

Valoro mi vida,

valoro mi tiempo,

valoro mi salud,

valoro mi trabajo,

valoro todo lo que tengo y aquello que me falta,

valoro cada día como un tesoro.

Si tengo la dicha de vivir un mañana, seré la persona más rica de este planeta.

La risa es la mejor caricia para el alma

Sonríe hoy porque mañana tal vez no tengas esa dicha.

Sonreír es un caramelo para el alma,

es una brisa de algodón con tinte de porcelana.

La risa te alarga la vida y te hace una mejor persona.

Sonreír es un viaje en primera clase a un paraíso de bienestar.

La vida es más bonita cuando una sonrisa eclipsa las lágrimas.

«Solo por hoy, me dispongo a servir y a agregar valor a mi mundo, a los seres humanos, a la Madre Naturaleza y a todos los seres vivos que habitan, junto a mí, nuestro hogar en común: el planeta Tierra».
Analía Exeni
www.analiaexeni.com

¿Qué vas a hacer el resto de tu vida?

Sé que hoy vas a brillar con todas las luces de tu alma.

La vida es hoy.

Confía en tu corazón.

No existen fronteras.

Que hoy y siempre la magia habite en tu alma.

Si veo escasez, es porque soy una persona escasa.

Si veo abundancia, es porque soy abundante.

Sigue haciendo cosas bellas para inundar el mundo de magia y alegría.

Un nuevo resplandor para tu mirada

Brilla con amor y paz:

tu resplandor es luz para otros.

El brillo de tus ojos enciende la magia de la vida, como estrellas en la Vía Láctea.

Océano de estrellas

Te regalo un ramillete de besos,

un telar de sueños,

un océano de estrellas para que decores tu pecho.

Esos obsequios salen de mi corazón y buscan un refugio de tibieza en tu alma.

¿Me permites ingresar en tu universo?

Agradecer

El agradecimiento es algo que debemos valorar y aprender.

Dar gracias por todo lo que tenemos, comenzando por nuestra propia vida, que es un verdadero milagro.

Agradecer por el sol, la lluvia, el viento que trina, la comida, el agua, la familia, los amigos, la salud, un nuevo día, nuestro hogar, la grandeza de una simple sonrisa.

Aunque suene contradictorio, también debemos agradecer los problemas, las dificultades, las desgracias, las tragedias, porque son pruebas para aprender, para crecer y para valorar mucho más lo que tenemos. Las dificultades son maestros que nos enseñan lecciones de vida.

Ser una persona agradecida es hermoso porque nos permite vivir mejor, con un equilibrio emocional y racional; nos hace ver la realidad con los ojos del alma por el simple hecho de valorar la vida a cada paso.

¡Agradecer es crecer!

Agradecer es felicidad en estado puro.

¡Hoy te doy las gracias por ser parte de mi vida!

¡Hoy te digo gracias por extenderme tu mano!

¡Hoy te agradezco porque con tu existencia has elevado mi vida a un verdadero paraíso!

El cielo no es el límite...,
es solo el inicio del vuelo

¿Llegaste a la cima?

Ahora te has dado cuenta de que el vuelo recién inicia.

Ahora vas en piloto automático

y te elevas más allá de lo que jamás has imaginado.

¡Dale brillo al mundo con tu sonrisa!

Que el mundo sea mejor porque estuviste aquí.

Deja una catarata de sonrisas para la posteridad.

Deja un legado de amor para la humanidad.

Deja tu sello invisible y especial.

Mientras vivas, ocúpate de regalar tantas sonrisas como puedas.

De esta manera, habrás creado un mañana sin fronteras.

Tu hogar es donde pones tu corazón

Porque tu hogar está donde late tu corazón.

Porque tu hogar es donde pones tu corazón.

Porque tu hogar está donde tu corazón encuentra amor.

El rubor de la mañana hace un nido en mi pecho

Tengo un patio lleno de colibríes que visten de gala la alborada.

Tengo flores amarillas que llenan de brillo mi alma.

Tengo un cielo rojo al amanecer y azul intenso a las diez de la mañana.

Las maravillas cotidianas

Recibir las caricias del sol al abrir la ventana,

tomar una deliciosa taza de café,

reír a carcajadas,

ir a contrapelo del viento con mi bicicleta,

recostarme en el césped con mi mascota,

olvidar los problemas y conectarme con las posibilidades infinitas.

¡Despliega tu máximo potencial!

Habrás oído muchas veces la frase popular «¡no tienes techo!».

Esta frase hace referencia a que podemos crecer tanto como queramos hacerlo.

Lo único que nos impide crecer infinitamente son «nuestras creencias limitantes».

Tú puedes llegar hasta donde te lo propongas. ¡Despliega tu máximo potencial!

La vida es fantástica.

Comienza hoy mismo a trazar tus metas, ten confianza en ti mismo, nunca te detengas.

¡A triunfar!

«Solo por hoy, agradezco y bendigo cada bocanada de aire que ingresa a mis pulmones y se transforma en vitalidad para mi cuerpo, mi mente y mi espíritu».

Analía Exeni
www.analiaexeni.com

Academia
Autores
D·EXITO

Analibro®

Ediciones
Autores
D·EXITO

La belleza de lo invisible

El aire es invisible y sin él moriríamos o, dicho de otra manera, él nos permite vivir.

Las caricias del viento son invisibles y, cuando te despeinan, te hacen sonreír.

La música de los pájaros es invisible, pero te embriaga de belleza el alma.

El amor es invisible, pero puede generar un impacto interestelar en miles de corazones cuando sus ondas expansivas se multiplican.

Las microcaricias de un bebé dentro del vientre materno son casi imperceptibles, pero su madre puede sentir un universo de mariposas que le recorre el pecho cuando las percibe.

¿Recuerdas la primera vez que te enamoraste? Todo ese mundo invisible que tejiste en tu pecho, cómo caminaste por las nubes sin despegar los pies del piso, cómo soñaste despierto. Toda esa belleza en estado puro sigue allí, en tu corazón, es parte de tu esencia como ser humano.

Con el avance de la tecnología, muchas cosas han retrocedido, y esta es una de ellas: **la gente ha dejado de ver en la invisibilidad.** Yo te invito a que dejes tu celular y todos los aparatos con inteligencia artificial una vez al día, **aléjate de toda la tecnología y conéctate con tu espíritu** por lo menos por treinta minutos al día. Te desafío a que te conectes con tu corazón, con tus latidos; que te conectes con la naturaleza; que pises el césped verde o la arena de la playa y sientas cómo esos microscópicos granitos te pinchan los talones. Yo te invito a que tomes tu bicicleta y que aprecies el viento en tu cara, que te revuelques con tu mascota en la alfombra y le hagas cosquillas o, simplemente, que rías hasta que te salgan lágrimas de felicidad. Te invito, querida amiga, querido amigo, a que hagas una vez al día algo que te permita vibrar como cuando eras niño y jugabas tu juego favorito. Porque la verdadera belleza de la vida está en esas pequeñas cosas que hacen que todo lo demás valga la pena.

Hoy es mi último día

Es una mañana común, como cualquier otra, no se trata de ningún día especial... pero **es mi último día de vida, y eso la hace simplemente inolvidable para mi familia**.

Los álamos y las flores aún no han florecido, el jardín de mamá está huérfano de primavera... faltan pocos días para que inicie una nueva estación, pero aún el invierno brilla por todas partes.

De golpe, afloran mil recuerdos en cascada... Llegué inesperadamente un día de primavera del año 2015. Fue de manera trágica, producto de un accidente. Mamá, papá y mi hermana venían por la autopista rumbo a casa luego de un día agotador de trabajo y estudio; entonces, sucedió lo inesperado: **me crucé delante del coche, y el impacto se produjo**.

Ese accidente me causó graves heridas y la rotura de la cadera, pero mi nueva familia se ocupó con amor y dedicación de cuidarme y curarme. Los mejores especialistas hicieron milagros para que yo me recuperara. Me colocaron una prótesis en la cadera, y no solo logré caminar... también volví a saltar, a correr, a jugar... fueron tantas las cosas lindas que viví y que hoy recuerdo que siento una mezcla agridulce en el corazón al saber que hoy me despido de mi familia.

Sé que el mayor milagro para todos, para mi familia y para mí, ha sido «el milagro del amor», ese gran amor que hemos hilvanado juntos, que nos ha engrandecido infinitamente y que hoy (así lo siento) trasciende el universo: un amor indestructible y eterno.

Ahora me despido de mi familia, pero no de manera definitiva... solo les digo:

¡adiós y hasta siempre!

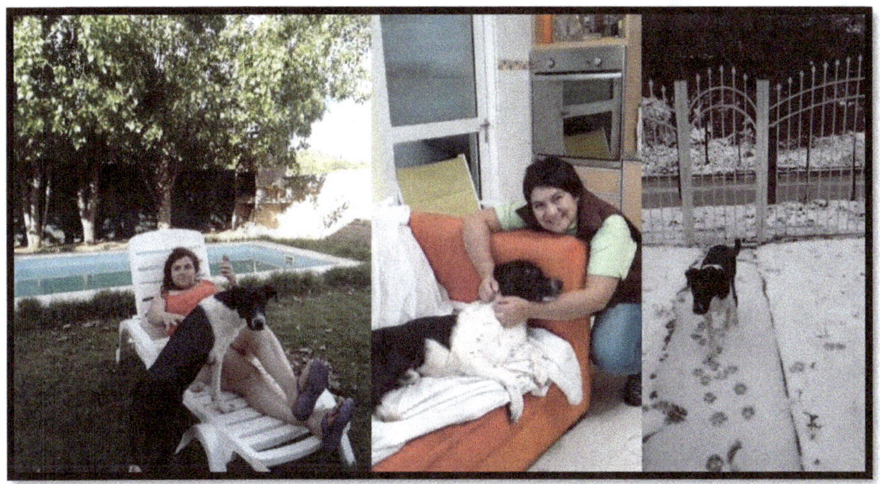

11/9/23: El día de mi partida

Mamá se despidió de mí muchas veces, con besos y abrazos, pero esta vez no lloró; ya había llorado tanto… Esta vez quiso despedirme con alegría, pero en su rostro se veía mucha tristeza. Desde hacía varios días venía despidiéndose una y otra vez, sin querer dejarme ir. Me preparaba comidas especiales, me daba abrazos y besos y me hablaba de una manera como nunca antes lo había hecho.

Era el 11 de septiembre de 2023, el día en el que quedaría marcada la última despedida.

Papá sí lloró mucho, no hablaba nada, solo sollozaba.

Mamá me sirvió agua fresca y recién al tercer ofrecimiento pude beberla. Ya mi estómago no aceptaba ni siquiera el agua.

Me sacó muchas fotos y algunos videos para conservar de recuerdo… Aunque luego no quiso verlos, solo los guardó.

Me habló de una manera muy especial; dijo que nos íbamos a volver a ver y me pidió por favor que, cuando llegara su hora de partir, yo la esté esperando... **Me miró a los ojos muy profundamente y reiteró su petición: me pidió que la espere para reunirnos nuevamente y para siempre.**

Me abrazó y me besó mucho, y luego se fue... Pero me miró por la ventana por última vez.

Pasé por muchas enfermedades, cirugías, tratamientos dolorosos con muchos medicamentos. A pesar de todo ello, **mi vida fue bonita y muy dichosa con mi familia**.

Me sentía cansado, abatido, porque mis riñones ya no funcionaban, el dolor era agudo y ya no me hacían efecto los medicamentos. Había llegado mi hora de partir... Este era mi último día y llegó un doctor para ayudarme.

Fueron años muy buenos los que viví en este hogar. **Luego de vagabundear por las calles, de pasar hambre, al fin había tenido una casa y una familia, una familia que me amó de verdad.** Y yo los amé a ellos.

Fuimos muy muy felices y tuvimos una vida maravillosa... Me llevo esa felicidad en mi corazón para siempre y me quedo latiendo eternamente en el corazón de mi familia.

Con mi hermana Delfina, la persona más dulce, respetuosa y cariñosa del mundo. ¡Me ama y la amo!

Con mi hermano y mejor amigo, Suske.

Flaquito

¡Siempre te voy a recordar y siempre te voy a amar!

Me despido hasta que volvamos a vernos en la eternidad...

Septiembre de 2015–11 de septiembre de 2023.

¡Hasta pronto!

Este es el final del libro y el inicio de un nuevo capítulo de tu vida.

Deseo, de todo corazón, que estas humildes páginas hayan agregado en ti un profundo valor en diferentes aspectos.

Nos despedimos hasta el próximo libro.

¡Un abrazo lleno de amor!

Analía Exeni

¡SORPRESA!

Envíame una foto tuya con el libro a mi email:

autoresdexito@gmail.com

¡Recibirás un obsequio muy especial!

✓ **Te regalaré uno de mis libros** a tu elección (en formato electrónico).

✓ Tendrás un 15 % de descuento en una sesión de **Coaching para Autores de Éxito**, para que escribas tu propio libro *Best Seller*.

¡Yo soy tu coach!

Coach Profesional de Escritores.

www.analiaexeni.com

Biografía de la autora, Analía Exeni

Analía Exeni es una reconocida empresaria editorial y una prestigiosa poeta y escritora internacional *best seller*; sus más de cien obras literarias han triunfado en varios países y han ocupado los primeros lugares en los *rankings* de los libros más vendidos.

En su amplia carrera profesional de más de veinticinco años, se desempeñó como gerente de recursos humanos en empresas multinacionales y también fundó y dirigió su propia consultora de desarrollo organizacional, en la que formó líderes empresariales; algunos hoy ocupan cargos jerárquicos y otros han triunfado internacionalmente con sus propios emprendimientos. Impartió capacitaciones sobre liderazgo y desarrollo empresarial en empresas, universidades y colegios. Analía garantiza que «el talento humano es ilimitado, solo necesita ser desafiado».

En su gran labor filantrópica, ayudó a través de su fundación a personas e instituciones con entrenamientos para que «desarrollen su máximo potencial». Como experta en liderazgo, ha ayudado a miles de personas a alcanzar el éxito y la felicidad.

Es conferencista internacional, coach empresarial, licenciada en Administración de Recursos Humanos y máster en Administración de Negocios.

Con respecto a su labor literaria, afirma lo siguiente: «Mi objetivo de vida es aportar herramientas para la construcción de un mundo mejor».

«Nací siendo escritora y partiré de este maravilloso mundo siendo escritora. Porque escribir, para mí, es como respirar o sonreír, es lo más natural del mundo y es lo que hago a diario con todas las células de mi cuerpo conectadas con el universo de mi espíritu».

«Escribo desde que tengo consciencia y uso mi razonamiento y mi pasión para escribir desde el alma. Aproximadamente a los diez años, comencé a escribir mis primeros poemas y cuentos y, hasta la fecha, sigo escribiendo con el mismo ímpetu de esa pequeña niña llena de frondosas ilusiones».

A lo largo de su vida, ha escrito y publicado más de cien libros de su propia autoría. Muchos de sus textos habían quedado archivados en el baúl de los recuerdos, pero, luego de atravesar por un cáncer y de tener la fortuna y la fortaleza de sobrevivir, ha decidido sacar a la luz todos sus libros inéditos. Por eso, paso a paso, su creación completa se está mostrando al mundo, y supera ya la centena de libros. Esta meta es la que la mantiene viva cada día y por lo que trabaja incesantemente, entregándose en cuerpo y alma.

Sus obras literarias han triunfado en varios países y han ocupado los primeros lugares en los rankings de los libros más vendidos en Australia, Brasil, Canadá, España, Estados Unidos, India, México y Reino Unido. A su vez, es coautora de decenas de libros en idioma español e inglés, junto con otros autores de diferentes países.

Escribe apasionadamente con el propósito de nutrir nuestra calidad de vida. Por un lado, sus libros de liderazgo, desarrollo humano, sus novelas y sus sagas de superación personal figuran entre las publicaciones más destacadas. Por otro lado, entrena en escritura a personas sin límite de edad, con diferentes oficios y profesiones, y con capacidades diferentes.

Analía nació, creció y vive en Argentina, país maravilloso, lleno de desafíos constantes. Las crisis que allí atraviesan permiten a sus habitantes aprender destrezas para no estancarse, innovar y crecer.

Ha fundado tres compañías: Éxito Consultora®, Academia Autores de Éxito® y editorial Ediciones Autores de Éxito® con idéntica misión: servir al planeta; además de la Feria del Libro Autores de Éxito® Texas 2024. Asimismo, es cofundadora de Sagas de Éxito® y de Universidad de Éxito®. A través de la Fundación Autores de Éxito®, colabora con personas que atraviesan enfermedades oncológicas, con sobrevivientes de cáncer y con personas con discapacidad para que puedan cumplir el sueño de escribir y publicar sus primeros libros. Le gratifican muchísimo las actividades filantrópicas.

Es la creadora del sistema de enseñanza Analibro®, que permite escribir un libro *best seller* con un método sistematizado, iniciando desde cero, y de Autores de Éxito Award®, prestigioso premio que se entrega a autores de todo el mundo que han logrado un rotundo éxito con sus libros. También ha creado el Premio Literario Analía Exeni Autores de Éxito®, otorgado por la editorial Ediciones Autores de Éxito® como reconocimiento al talento y la excelencia de autores de todo el mundo, acreditados a través de sus libros, que son semilla que germinará en favor de la cultura mundial. Asimismo, es la fundadora de los galardones Conferencistas de Éxito Award®, Emprendedores de Éxito Award®, Empresarios de Éxito Award®, Líderes de Éxito Award® y el sistema Gestión Integral del Talento Humano®.

A través de sus emprendimientos, se desempeña activamente en más de treinta países.

Entre sus múltiples actividades, trabaja junto a su hija, Delfina Piña Exeni, promoviendo su editorial y sus libros a nivel internacional. Asimismo, ha sido conductora del programa de radio y televisión digital Autores de Éxito®.

En más de dos décadas de trayectoria, ha cosechado mucha felicidad. El camino emprendido parece ser el correcto: a pesar de los golpes, se levanta con una sonrisa y con ganas de brindar a los otros lo más preciado de sí.

Ha recibido el doctorado *honoris causa*, distinción que fue otorgada en México el 21 de agosto de 2021 por el Colegio Internacional de Profesionistas C&C; el Colegio Internacional de Profesionistas de la Educación y del CAPIE AC; la Academia Española de Literatura Moderna en México; la Academia Internacional de Ciencia, Arte, Cultura y Educación; la Columbus International Business School, y el Registro Nacional de Instituciones y Empresas Científicas y Tecnológica (RENIECYT).

Ha sido distinguida con el premio a la Integridad en Arkansas, Estados Unidos. También fue reconocida en México y en Argentina, naciones ambas donde disfruta dictando, como voluntaria, capacitaciones en hospicios y cárceles. Pero nunca las distinciones son el objetivo de su trabajo, aunque le resulte grato recibirlas y por ello se sienta honrada y agradecida.

Su mayor entusiasmo reside en dejar, a través de sus libros, una huella, un mensaje de esperanza y aliento; que perdure y florezca en infinitos corazones, de generación en generación.

¡Te invitamos a descubrir su universo!

www.analiaexeni.com

AGRADECIMIENTOS

¡Muchas gracias!

A Dios, mi fiel compañero de vida, mi motor, mi inspiración, mi eterno milagro.

A mi amada familia, a Delfina y a Sergio, por ayudarme y motivarme a ser una mejor persona todos los días, por estar presentes en las buenas y malas situaciones haciendo que todo el dolor valga la pena solo por gozar del privilegio de tenerlos en mi vida.

A mis padres, que me dieron el don de la vida y su amor incondicional.

A María Fernanda Rey, por trabajar en equipo dando tanto amor y profesionalismo en la grandiosa labor de la corrección literaria.

A Marta Huerta y a Ramón González, de Contracorriente.com, Madrid, España, por crear la maravillosa portada de este libro con tanta excelencia y magia.

A mis lectores y clientes de todo el mundo: ustedes son mi razón de existir, por ustedes me levanto cada día enamorada y sigo escribiendo apasionadamente, entregándoles mi corazón. Muchas gracias por hacerme tan feliz. ¡Los amo!

A mis amadas mascotas, que me alegran la vida: Suske, Flaquito, y Osito.

A todos mis familiares y amigos alrededor del mundo: los llevo en mi corazón a cada uno.

Este libro cuenta con apoyo de

Otros libros publicados

Disponibles en todos los mercados mundiales de Amazon.

EMPRESARIOS Y EMPRENDEDORES:

- *Máximo potencial y liderazgo ilimitado: Los 40 hábitos de las personas felices y exitosas.*

- *Estrategias de Éxito para el nuevo milenio laboral: Nueva era «Big Bang Brain». La revolución de la creatividad y el talento humano.*

- Saga: *Mujeres y hombres de éxito.*

- Saga de liderazgo: *Liderazgo transformacional.*

- Saga de liderazgo: *Liderazgo para el éxito.*

- *Conferencistas de éxito. Vol. 1: Tu libro.*

- *Emprendedores de éxito. Vol. 1: Tú, autor.*

- *Empresarios de éxito Vol. 1: Tu empresa, tu libro.*

<u>NOVELAS:</u>

- *El olimpo del perdón: Un paraíso espiritual.*

- *Tatuaje en el alma.*

- *La tatuadora de sueños.*

- *Resiliencia: Una historia argentina.*

- *Amor incondicional.*

- *La brújula del amor.*

<u>DESARROLLO HUMANO:</u>

- *Yo sí puedo: 12 pasos hacia una vida maravillosa.*

- Saga de cuentos: *Sueños XXL.*

- Saga de cuentos: *Ama la vida.*

- *Mis 60 libros. Mis 60 proverbios.*

- *Mis 100 libros; mis 100 proverbios: Mi legado de amor para el universo*

- Saga de desarrollo personal: *Aquí y ahora.*

- Saga: *Mantras para ser feliz.*

SAGA <u>*MUJERES DE ÉXITO*</u>*:* LIBROS PARA CRECER SIN PARAR.

- *Mujer líder: No necesitas nada porque lo tienes todo.*

- *Mujer todoterreno: Cómo ser feliz y triunfadora en todos los terrenos de tu vida.*

- *Delfina: 15 cartas para el corazón de una mujer.*

- *Mujer imparable: Conquista tu vida.*

- *¡Soy invencible!: Mi lucha contra el cáncer ¡No le temo a la muerte! Porque... morir no es malo. Lo malo es vivir estando muertos.*

- *Súper mujer: Transformando el dolor en amor.*

- *Las mujeres argentinas somos invencibles.*

SAGA <u>*AUTORES DE ÉXITO*</u>: Vuélvete ¡INMORTAL! Trasciende a través de TU LIBRO.

- *Descubre el autor que vive en ti.*

- *Cómo escribir tu libro iniciando desde cero.*

- *De tu idea a TU LIBRO BEST SELLER: Estrategias para escribir, publicar y lograr un Best Seller paso a paso.*

- *FROM YOUR IDEA TO YOUR BEST SELLER BOOK: Strategies to write, publish and achieve to have a Best Seller book step by step.*

- *El alma de un libro: La trilogía.*

Y muchos libros más a tu disposición para deleitarte e invitarte a edificar tu propio paraíso privado.

¡Te espero en mi biblioteca!

Escribe TU LIBRO

¿Te atreves a escribir?... Esta es tu gran oportunidad de trascender.
▶**«Curso CÓMO ESCRIBIR TU LIBRO *BEST SELLER*»**

Con el método certificado Analibro® de Academia Autores de Éxito®.

- Entrenamiento de excelencia con herramientas profesionales y garantía de éxito.

- Capacitación 100 % *online* con entrega de certificado.

www.analiaexeni.com

Publica TU LIBRO

▶**Ediciones Autores de Éxito® te ofrece la oportunidad de publicar tu libro en todo el mundo y transformarlo en un *Best Seller*.**

¡Vuélvete INMORTAL! Trasciende a través de tu libro.

www.analiaexeni.com

Te invito a conocer mi universo.

**Encontrarás un mundo de éxito y felicidad
en los libros que, con muchísimo amor,
escribí para ti.**

Te espero en Amazon: *https://lnkd.in/gPKXY-6*

Analía Exeni

www.analiaexeni.com

- Fanpage: Analía Exeni Escritora - Autores de Éxito
- YouTube: Analía Exeni Escritora - Autores de Éxito
- LinkedIn: Analía Exeni - Autores de Éxito
- Twitter: Analía Exeni - Autores de Éxito
- Instagram: analía.exeni.autores.de.exito

EQUIPO DE TRABAJO

Autora

Analía Exeni

Editorial Ediciones Autores de Éxito®

Editora

Analía Exeni

www.analiaexeni.com

Corrección literaria

María Fernanda Rey

Diseño de portada

Marta Huerta y Ramón González

Si te gustó este libro, por favor, deja un comentario positivo en

Amazon.

¡Muchas gracias!

Ediciones
Autores
D·EXITO
Delfina Piña Exeni
Manager
Editorial Ediciones Autores de Éxito®
Academia Autores de Éxito®
Premio Literario
«Escribe un libro y deja tu legado de amor como semilla para un mundo mejor».
Ediciones Autores D·EXITO
Audiolibros D·EXITO
Fundación Autores D·EXITO
Academia Autores D·EXITO
Analía Exeni
Analibro
Analía Exeni – Autores de Éxito
www.sagasdexito.com
autoresdexito@gmail.com
www.analiaexeni.com

www.ingramcontent.com/pod-product-compliance
Lightning Source LLC
Chambersburg PA
CBHW050925260726
48660CB00001B/397